जाल समेटा

हरिवंशराय 'बच्चन'

राजपाल

ISBN : 9788170287988

संस्करण : 2014 © हरिवंशराय 'बच्चन'

JAAL SAMETA (Poetry) by Harivanshrai 'Bachchan'

राजपाल एण्ड सन्ज़

1590, मदरसा रोड, कश्मीरी गेट-दिल्ली-110006
फोनः 011-23869812, 23865483, फैक्सः 011-23867791
e-mail : sales@rajpalpublishing.com
www.rajpalpublishing.com
www.facebook.com/rajpalandsons

बच्चन जी : एक अंतरंग परिचय

हिन्दी कविता के क्षेत्र में आज पांच पीढ़ियाँ एकसाथ काव्य-सृजन कर रही हैं। प्रथम महायुद्ध से लेकर आज तक हिन्दी कविता के क्षेत्र में जैसे पूरी क्रान्ति हो चुकी है। वस्तु, शैली, कथ्य, रुचि, क्षेत्र—इन सब में भारी और दूरगामी परिवर्तन आए हैं। निरन्तर बदलती परिस्थितियों के इस युग में कुछ कवि उल्का के समान चमके और उल्का ही के समान बुझ भी गए। कुछ कवि धीरे-धीरे चमक पकड़ते गए और भारी संघर्ष के बाद उन्हें मान्यता मिली। पर बच्चन का प्रारम्भ एक उल्का के समान हुआ और उनकी चमक न केवल स्थायी रही, अपितु उसकी उज्ज्वलता बढ़ती चली गई।

सन् 1932 की बात है। हरिवंशराय नाम का पच्चीस वर्ष का एक युवक पश्चिमी उत्तर प्रदेश की ज़िला कचहरियों में 'पायोनियर' के संवाददाता के रूप में दिखाई दिया करता था। लम्बे घुँघराले बाल, इकहरा शरीर, दरमियाना क़द, गेहुआँ रंग, दार्शनिक की-सी गम्भीर मुद्रा, घनी भँवों से उन्नत पेशानी के नीचे गहराई में गई हुई शराफ़त-भरी आँखें, जिनपर मोटे फ्रेम का चश्मा पड़ा रहता था। यह युवक कहीं टिककर नहीं रहता था। दिन कचहरी में और रात किसी होटल या ट्रेन में। जी लगाने के लिए हमारे देश की अदालतों में काफी सामग्री विद्यमान रहती है, पर इस युवक को उस सबमें कोई दिलचस्पी नहीं थी। उसके पास दो नोटबुक रहती थीं। एक अखबारी नोटबुक, जिसमें अदालतों की कार्रवाई के नोट लिए जाते थे; और दूसरी निजी नोटबुक, जो उस युवक की दिन-रात की वास्तविक साथी थी। इस नोटबुक में वह अपने हृदय की प्यारी कल्पनाएँ छन्दोबद्ध रूप में दर्ज किया करता था। युवक का गला सुरीला था। होटल के कमरे में और स्नानागार में वह अपनी पंक्तियाँ गुनगुनाया करता। उसकी कृतियाँ उसे अकेलापन अनुभव न होने देतीं। 'पायोनियर' के अधिकारी उसके कार्य से सन्तुष्ट थे और साधारण ढंग से चल रही अपने जीवन की गाड़ी की रफ़्तार से जैसे हरिवंशराय भी असन्तुष्ट नहीं था।

उसी ज़माने की एक प्रातःकाल मुरादाबाद के एक छोटे-से होटल में स्नान करते हुए हरिवंशराय अपनी यह निम्नलिखित पंक्ति गुनगुनाने लगा :

'अरुण कमल कोमल कलियों की प्याली, फूलों का प्याला ।' (मधुशाला) कि अचानक किसी अन्तःप्रेरणा से इसी पंक्ति को वह एक नई तर्ज़ में गाने लगा । यह नई तर्ज़ उसे इतनी पसंद आई कि वह विभोर हो उठा और स्नानागार में ही खुलकर गाने लगा । यह उसकी अपनी ईजाद थी । सारा दिन वह उक्त पंक्ति इसी नई तर्ज़ में गाता या गुनगुनाता रहा । यहाँ तक कि अदालत के एक कोने में खड़े रहकर भी ।

और इस नई तर्ज़ के आविष्कार के कुछ ही दिनों के बाद दिन-रात के सफ़र की इस नौकरी से त्यागपत्र देकर हरिवंशराय इलाहाबाद से प्रकाशित होने वाले 'अभ्युदय' नामक पत्र के प्रबन्ध विभाग में काम करने लगा । उन्हीं दिनों इलाहाबाद की छोटी-छोटी मजलिसों में पहली बार लोगों ने उस युवक को 'बच्चन' के रूप में जाना, और उसकी ईजाद की हुई तर्ज़ में उसके ताज़गी-भरे काव्य को दिलचस्पी से सुना । बच्चन इलाहाबाद में शीघ्रता से लोकप्रिय होने लगा ।

दो ही महीनों के बाद दिसम्बर, 1933 में बनारस विश्वविद्यालय में एक बड़ा कवि-सम्मेलन हुआ । विशाल हिन्दी जगत में तब तक बच्चन को और उसकी कविता को अधिक लोग नहीं जानते थे, पर उसकी 'मधुशाला' और उसकी नई तर्ज़ की ख्याति कुछ विद्यार्थियों द्वारा बनारस तक भी पहुँच गई थी । बच्चन को निमन्त्रण मिला । कितने ही दिग्गज कवि बनारस विश्वविद्यालय के उस कवि सम्मेलन में उपस्थित थे । बच्चन तो अभी एकदम नये कवि थे । उन्हें सम्मेलन में काफ़ी पहले कविता पढ़ने को कहा गया । पर 'मधुशाला' के दो पद सुनाकर ही जैसे बच्चन ने दिग्विजय कर ली । दो पद सुनाकर वह बैठ जाना चाहते थे, पर विद्यार्थियों के अनुरोध पर उन्हें तीसरा, फिर चौथा पद भी सुनाना पड़ा । उसके बाद वह बैठ गए, पर विद्यार्थी निरन्तर तालियाँ बजाते रहे । सभापति का अनुरोध भी उन्होंने नहीं माना । विद्यार्थी सिर्फ बच्चन को सुनना चाहते थे, वे किसी और की कविता सुनने को तैयार ही नहीं थे । आखिर उनसे वायदा किया गया कि बच्चन बनारस में एक दिन और रुकेंगे और दूसरे दिन केवल उन्हीं की कविता को सुनने के लिए सभा आयोजित होगी ।

दूसरे दिन की सभा हिन्दी कवि-सम्मेलनों के इतिहास में अविस्मरणीय है । वाइस चान्सलर से लेकर सभी उपाध्याय, अध्यापक और विद्यार्थी उस सभा में उपस्थित थे । बीसियों विद्यार्थी कापियाँ लेकर आए थे । बच्चन अपनी नव आविष्कृत तर्ज़ में 'मधुशाला' की रुबाइयाँ सुना रहे थे । श्रोता झूमते थे, सैकड़ों कण्ठ बच्चन के साथ-साथ गाते थे और सैकड़ों हाथ उन रुबाइयों को नोट कर रहे थे । तीन ही दिनों में बच्चन की ख्याति सम्पूर्ण हिन्दी जगत में फैल गई ।

श्री हरिवंशराय बच्चन का जन्म 27 नवम्बर, 1907 के दिन इलाहाबाद में मोहल्ला चक के एक मकान में हुआ था । आज वह मकान विद्यमान नहीं है और उस स्थान पर से जीरो रोड, गुज़र रही है । बचपन से इण्टर के प्रथम वर्ष तक बच्चन इसी मकान में रहे । 1926 में जब वह इण्टर के द्वितीय वर्ष में थे, तब उनका परिवार

जाल समेटा

मोहल्ला चक से मुट्ठीगंज चला गया। सन् 1929 में उन्होंने इलाहाबाद विश्वविद्यालय से बी.ए. की परीक्षा पास की। बी.ए. में पाश्चात्य दर्शन, अंग्रेज़ी साहित्य और हिन्दी उनके विषय थे।

बच्चन जी का परिवार एक सम्मिलित परिवार था। उनके पिताजी 'पायोनियर प्रेस' में काम करते थे। बच्चन जी का एक छोटा भाई था और दो बहनें—एक उनसे बड़ी और दूसरी उनसे छोटी। अभी वह बी. ए. प्रथम वर्ष में ही थे कि उनका विवाह कर दिया गया। उनकी पत्नी का नाम श्यामा था। 1930 में बच्चन जी ने अंग्रेज़ी साहित्य में एम. ए. प्रीवियस की परीक्षा पास की। उन्हीं दिनों गाँधी जी का सत्याग्रह आन्दोलन ज़ोरों से चला। बच्चन जी ने यूनिवर्सिटी छोड़ दी। वह नमक बनाने, चरखा कातने, गाँवों में व्याख्यान देने और पिकेटिंग करने लगे। राष्ट्रीय जुलूसों में गाने के लिए कुछ गीत भी उन्होंने लिखे थे, जो लोकप्रिय हुए थे। पर कुछ ही महीनों के बाद परिवार का बोझ उनके लिए चिन्ता का विषय बन गया और उन्होंने जीविकोपार्जन करने का निश्चय किया। उनके पिताजी के प्रयत्न से 1932 में उन्हें दैनिक 'पायोनियर' में ज़िला कचहरियों के संवाददाता का कार्य मिल गया। उन दिनों यह पत्र इलाहाबाद से प्रकाशित हुआ करता था।

1933 के उत्तरार्द्ध में बच्चन जी 'अभ्युदय' के सम्पादकीय विभाग में सम्मिलित हो गए। 1934 के प्रारम्भ से वह इलाहाबाद ही के अग्रवाल विद्यालय में अध्यापक नियुक्त हुए। इस पद पर उन्होंने तीन वर्ष कार्य किया। उनकी पत्नी श्यामा जी को अन्तड़ियों की तकलीफ़ थी, जो क्रमशः अन्तड़ियों की यक्ष्मा में परिणत हो गई। बच्चन जी के वे दिन अत्यन्त कष्ट और चिन्ता में बीते। सारा दिन वह विद्यालय में पढ़ाते और सारी रात अपनी बीमार पत्नी की परिचर्या किया करते। सन् 1936 में पटना में श्यामा जी का आपरेशन हुआ और इसी आपरेशन में 17 नवम्बर, 1936 को उनका देहान्त हो गया। बच्चन के भावुक हृदय पर इस दुर्घटना से भारी आघात पहुँचा। लगभग 9 महीनों तक वह जैसे किसी अन्य संसार में रहे। पूरे एक वर्ष तक उन्होंने एक भी पंक्ति नहीं लिखी। उन दिनों वह लगभग एकाकी रहते थे, किसी से अधिक बातचीत भी नहीं करते थे। अन्तस्तल में एक टीस निरन्तर बनी रहती थी। रात को लेटते तो बहुत समय तक नींद न आती। इस दशा में वह हवा का संगीत सुनते, तारों से बातें करते और निस्तब्ध निशीथ को पहचानने का, उससे परिचय बढ़ाने का प्रयत्न करते। श्यामा जी के देहावसान के 370 दिन बाद 22 नवम्बर, 1937 को उन्होंने 'निशा निमन्त्रण' की प्रथम पंक्ति लिखी : ''दिन जल्दी-जल्दी ढलता है!''

जुलाई, सन् 1937 में मुख्यतः परिस्थितियाँ बदल डालने के ख्याल से वह पुनः इलाहाबाद विश्वविद्यालय में एम. ए. के द्वितीय वर्ष के विद्यार्थी के रूप में भरती हो गए। सन् 1938 में एम.ए. कर लेने के बाद वह बनारस ट्रेनिंग कालेज में प्रविष्ट

हुए। वहीं उन्होंने 'एकान्त संगीत' की रचना प्रारम्भ की। ट्रेनिंग का डिप्लोमा ले लेने के बाद, 1940 में वह इलाहाबाद विश्वविद्यालय में ही स्नातकोत्तर अध्ययन करने लगे। इसी युग में उन्होंने 'आकुल अन्तर' और 'विकल विश्व' के कुछ गीतों की रचना भी की, जो बाद में 'धार के इधर-उधर' में सम्मिलित कर लिए गए।

24 जनवरी, 1942 को बच्चन जी का तेजी जी से विवाह हुआ। तेजी जी उन दिनों लाहौर के एम. सी. कालेज में मनोविज्ञान की अध्यापिका थीं। यह विवाह पति-पत्नी दोनों के लिए बहुत शुभ और कल्याणकारी सिद्ध हुआ। विवाह से कुछ मास पहले बच्चन जी इलाहाबाद विश्वविद्यालय में ही अंग्रेज़ी साहित्य के जूनियर लेक्चरर नियुक्त हो गए थे। इस समय तक उनकी ख्याति भारत-भर में फैल चुकी थी। विद्यार्थियों में तो वह विशेष रूप से लोकप्रिय हो गए थे और सैकड़ों नए हिन्दी कवि उनका अनुकरण करने लगे थे।

परिस्थितियाँ बदल गई थीं और बच्चन जी की कविता में एक नया दौर प्रारम्भ हो गया था। 'प्रणय पत्रिका' की भूमिका में उन्होंने ठीक ही लिखा है—

> 'लेकिन मैं तो बेरोक सफ़र में जीवन के,
> इस एक और पहलू से होकर निकल चला।'

बच्चन हालावाद को प्रतीकात्मक रूप में हिन्दी काव्य में लाए थे। उनकी कविता विद्रोह और नवजीवन की यौवनोचित भावनाओं का सन्देश लिए हुए थी। इसके साथ ही इन्होंने अपनी रचनाओं द्वारा हिन्दी कविता में असाधारण माधुर्य और सहज भाव का समावेश किया था, इससे प्रारम्भ से ही वह विद्यार्थियों और नवयुवकों में अत्यन्त लोकप्रिय हो गए थे।

तेजी जी से विवाह के बाद उनके जीवन का वह दौर समाप्त हो गया। अब बच्चन जी ने जीवन में एक नया अर्थ तलाश किया। 'बीत गई सो बात गई' जैसी सशक्त कविताएँ उन्होंने लिखनी आरम्भ कीं, जिनमें नवजीवन और आत्मविश्वास का असीम सन्देश था। बच्चन की वेदना भी कितनी सशक्त थी, इसका पता 'एकान्त संगीत' की कुछ कविताओं से चलता है, जहाँ वह बड़ी-से-बड़ी शक्तियों को भी जैसे चुनौती देते हैं :

> 'प्रार्थना मत कर, मत कर, मत कर!
> झुकी हुई अभिमानी गर्दन,
> बँधे हाथ, नत-निष्प्रभ लोचन,
> यह मनुष्य का चित्र नहीं है, पशु का है रे कायर!
> प्रार्थना मत कर, मत कर, मत कर!'
>
> —(एकान्त संगीत)

जाल समेटा

इस नए तथा उसके बाद आनेवाले विविध दौरों में उन्होंने 'हलाहल', 'बंगाल का काल', 'मिलन यामिनी', 'खादी के फूल', 'प्रणय पत्रिका', 'आरती और अँगारे' आदि संग्रहों की कविताओं का निर्माण किया।

1952 में बच्चन जी अंग्रेज़ी साहित्य में डॉक्टरेट प्राप्त करने के लिए कैम्ब्रिज विश्वविद्यालय चले गए। वहाँ उन्होंने महाकवि ईट्स के सम्बन्ध में विशेष अध्ययन किया। आयरलैंड जाकर वह ईट्स के घर में ठहरे और कवि के पत्र-व्यवहार और उनके हाथ की लिखी सम्पूर्ण सामग्री का उन्होंने गहराई से अध्ययन किया। इस अध्ययन का प्रभाव उनके काव्य पर भी स्पष्टतः पड़ा। 1954 में डॉक्टरेट प्राप्त कर वह स्वदेश लौट आए। वापस आकर वह पुनः इलाहाबाद विश्वविद्यालय में अंग्रेज़ी साहित्य पढ़ाने लगे। सितम्बर, 1955 में वह भारतीय आकाशवाणी में हिन्दी प्रोड्यूसर नियुक्त हुए। पर तीन ही महीनों के बाद विदेश मन्त्रालय में विशेषाधिकारी का पद स्वीकार करने का निमन्त्रण मिला।

विदेश से वापस आने के बाद बच्चन की रचनाओं में भावों की सहज-स्वाभाविक अभिव्यक्ति की अपेक्षा अध्ययन और चिन्तन जनित काव्याभरण का प्राधान्य हो गया था। पर वह दौर भी बहुत समय तक नहीं चला। क्रमशः प्रतिभा, चिन्तन और अध्ययन—इन सबका एक सुन्दर समन्वय उनकी रचनाओं में हो गया। 'बुद्ध और नाचघर' की बहुत-सी कविताएँ उन्होंने कैम्ब्रिज में लिखी थीं। 'आरती और अँगारे' आदि रचनाएँ उनकी नवीनतम कृतियाँ हैं।

इस बीच बच्चन जी ने विश्व साहित्य के कुछ अमर ग्रन्थों के प्रामाणिक अनुवाद का कार्य भी किया। शेक्सपियर का हिन्दी अनुवाद, विशेषतः पद्य से पद्य में, अत्यन्त दुस्साध्य कार्य है। बच्चन जी ने 'मैकबेथ' और 'ओथेलो' के सुन्दर अनुवाद किए। गीता जैसी लोकप्रिय अमर रचना का उन्होंने अवधी में अनुवाद किया। बच्चन जी के तत्त्वावधान में 'मैकबेथ' तथा 'ओथेलो' के हिन्दी रूपान्तर दिल्ली में सफलतापूर्वक अभिनीत हो चुके हैं। 'मैकेबेथ' के अभिनय में तेजी बच्चन लेडी मैकेबेथ की भूमिका में अवतरित हुई थीं और उनके अभिनय को बहुत पसन्द किया गया था। अपने कवि-जीवन का आरम्भ ही बच्चन जी ने उमर खैयाम की मधुशाला के अत्यन्त श्रेष्ठ अनुवाद से किया। इस लोकप्रिय अनुवाद के कितने ही संस्करण प्रकाशित हो चुके हैं।

तेजी जी जैसी क्रियाशील, समझदार और स्नेहमयी गृहिणी पाकर उनका जीवन सुव्यवस्थित हो गया। तेजी जी का स्वभाव जितना मधुर है, उनका कण्ठ भी उतना ही मधुर है। घर के काम-काज में वह दक्ष हैं। उनके घर जाते ही किसी सुरुचिपूर्ण गृहिणी की सत्ता का आभास अनायास ही प्राप्त हो जाता है। मुझे स्मरण है, विवाह के बाद लाहौर से पूरी गृहस्थी का साजो-सामान इलाहाबाद ले जाने की व्यवस्था तेजी जी ने स्वयं की थी। बच्चन जी तो मेहमान की तरह ट्रेन में सवार हो गए थे।

बच्चन जी का अध्ययन-कक्ष उनकी कोठी का सबसे अच्छा और काफी बड़ा

कमरा है, जो उनका पुस्तकालय भी है। इस कक्ष में एक मेज़ है, जिसके साथ एक ही कुर्सी रखी है। किसी भी अन्य व्यक्ति के लिए इस कमरे में बैठने की व्यवस्था नहीं है। यों बच्चन जी के अपने आराम के लिए यहाँ एक आरामकुर्सी भी पड़ी है। सर्दियों में जब वह काम करने के मूड में होते हैं, तो उनका बिस्तर भी इसी कमरे में लगा दिया जाता है।

बच्चन जी अपना लेखन-कार्य सदा अपनी मेज़ पर और सतर्क रूप में बैठकर करते हैं। उनका कथन है कि—'लेटकर लिखी हुई कविता भी लेखक के समान शिथिल हो जाती है। मैं चुस्ती में विश्वास रखता हूँ और चुस्त कविता लिखता हूं।' जब वह लिखने लगते हैं तो अपने कमरे में किसी भी व्यक्ति की मौजूदगी वह पसन्द नहीं करते। पेन्सिल से चुपचाप वह अपनी कविताओं का प्रथम रूप लिखते हैं, जो बाद में परिष्कृत किया जाता है। प्रायः वह तीन-चार रचनाओं का प्रणयन एक साथ हाथ में लेते हैं। उदाहरण के लिए अनुवाद, कविता और निबन्ध-लेखन, यह सब एकसाथ चलता है, पर एक बैठक में एक ही चीज़ लिखी जाती है।

बच्चन जी अपनी रचनाओं की प्रेरणा का स्रोत अपने जीवन की अनुभूतियों को ही स्वीकार करते हैं। लिखने की रफ़्तार एक-सी कभी नहीं रहती। यह विषय और मूड पर निर्भर करता है। अपने कुछ गीत उन्होंने तीन मिनटों में भी लिखे हैं, और किसी-किसी गीत को पूरा करने में उन्हें महीनों भी लग गए हैं।

अपने साहित्यिक जीवन का प्रारम्भ बच्चन जी ने हालावाद-सम्बन्धी कविताओं से किया था। इससे कुछ लोगों को यह भ्रम हो गया था कि बच्चन जी सुरा का सेवन करते हैं। इससे बड़ी भ्राँति उनके सम्बन्ध में दूसरी नहीं हो सकती। वह कभी शराब नहीं पीते। उनकी हाला पूरी तरह प्रतीकात्मक है। यह समझे बिना उनकी हालावादी कविताओं का आनन्द लिया ही नहीं जा सकता। वह 'हाला' विद्रोह और नवजीवन का प्रतीक है।

बच्चन जी को मैंने दुखी, सुखी, निश्चिन्त, प्रसन्न, अप्रसन्न—सभी मूडों में और अनेक तरह की परिस्थितियों में देखा है। पर सदा यही पाया है कि यह व्यक्ति सबसे पहले कवि है, उसके बाद चाहे जो कुछ हो।

—चन्द्रगुप्त विद्यालंकार

नैनीताल, दिनांक : 26 जून 1971

जाल समेटा

अपने पाठकों से

इस शीर्षक के अन्तर्गत मैं अपने पाठकों से अपनी कृतियों के विषय में कुछ निजी बातें करता रहा हूँ।

इस बार तो बहुत-सी बातें करना चाहता था।

पर जब बहुत कुछ कहने को होता है तब आदमी कुछ भी नहीं कह पाता।

वही मेरी हालत है।

मुझे अपनी एक पुरानी कविता याद आती है।

जो मैं आज कहना चाहता था उसे वह, संक्षेप में, पहले ही कह चुकी है।

तो वह कविता ही क्यों न प्रस्तुत कर दूँ।

'त्रिभंगिमा' की है—

''जाल-समेटा करने में भी
समय लगा करता है, माँझी,
 मोह मछलियों का अब छोड़।

सिमट गई किरणें सूरज की,
सिमटी पंखुड़ियाँ पंकज की,
 दिवस चला छिति से मुँह मोड़।

तिमिर उतरता है अम्बर से,
एक पुकार उठी है घर से,
 खींच रहा कोई बे-डोर।

जो दुनिया जगती, वह सोती;
उस दिन की सन्ध्या भी होती,
   जिस दिन का होता है भोर।

नींद अचानक भी आती है,
सुध-बुध सब हर ले जाती है,
   गठरी में लगता है चोर।

अभी क्षितिज पर कुछ-कुछ लाली,
जब तक रात न घिरती काली,
   उठ अपना सामान बटोर।

जाल-समेटा करने में भी,
वक़्त लगा करता है, माँझी,
   मोह मछलियों का अब छोड़।

मेरे भी कुछ कागद-पत्रे,
इधर-उधर हैं फैले-बिखरे,
   गीतों की कुछ टूटी कड़ियाँ,
कविताओं की आधी सतरें,
   मैं भी रख दूँ सबको जोड़।''

'धीवर' अथवा 'माँझी' का प्रतीक बड़ा पुराना है। इसका आश्रय बुद्ध और ईसा तक ने लिया। अगर एक कवि भी इसका आधार लेकर कुछ अपनी बात कह सका है तो श्रेय प्रतीक की महार्थता को है। व्याख्या की आवश्यकता शायद ही हो।

कविता मोह से आरम्भ होती है—'मोह' के बड़े व्यापक अर्थ हैं—और मोहभंग पर समाप्त होती है। नहीं; मैं सामान्यीकरण नहीं करूँगा। मेरी कविता मोह से आरम्भ हुई थी और मोहभंग पर समाप्त हो गई—'हार' और 'जाल' मोह और मोहभंग के प्रतीक ही तो हैं— आपको याद दिला दूँ कि मेरे प्रथम

जाल समेटा

काव्य-संग्रह का नाम 'तेरा हार' था। इसके विघटन के चिह्न तो कुछ समय पहले दिख गए थे,—'विघटन' में 'घट' का गोलाकार भी मेरे ध्यान में है—पर पूर्णता वहीं पहुँचकर मिली है ठीक जहाँ से वह शुरू हुई थी। शेक्सपियर के शब्दों में, 'The wheel is come full circle'—एक वृत्त पूर्ण हुआ—साँप ने मुख से पूँछ पकड़ ली—काव्य-यात्रा के लिए यह रूपक मैंने और कहीं भी प्रयुक्त किया है। हाँ, याद आ गया—

'कविता का पंथ अनंत सर्प-सा
जो है मुख में पूँछ दबाए।'

(आरती और अँगारे)

मेरी मोह-मूर्तियों पर आप उँगली रखना चाहें तो कल्पना और प्रयत्न आप स्वयं करें; इस समय मैं आपको किसी प्रकार का संकेत देने की मनः-स्थिति में नहीं हूँ।

मैंने मुख्यतया कविता के द्वारा अपना पथ प्रशस्त किया था, पर जहाँ तक मैं आ गया हूँ उसके आगे, मुझे लगता है, कविता से प्रगति सम्भव न हो सकेगी; अब तो 'अकविता' को उपादान बनाना होगा—यारों ने तो 'अकविता' को भी कविता बना दिया है। मुझे यह मोह न व्यापे।

यात्रा आगे सम्भव हुई और उसका वर्णन करने का अवसर मिला तो किसी दूसरे माध्यम से। विदा!

20, प्रेसीडेन्सी सोसाइटी

—बच्चन

नार्थ-साउथ रोड नं. 7
जुहू-पारले स्कीम, बंबई-56.
जनवरी, 1972.

सूची

जाल समेटा

रक्त की लिखत

क़लम के कारखाने हैं,
स्याही की फ़ैक्टरियाँ हैं
          (जैसे सोडावाटर की)
काग़ज़ के नगर हैं।

और उनका उपयोग-दुरुपयोग
सिखाने के
          स्कूल हैं,
          कालेज हैं,
          युनिवर्सिटियाँ हैं।

और उनकी पैदावार के प्रचार के लिए
          दूकानें हैं,
          बाज़ार हैं,
          इश्तहार हैं,
          अख़बार हैं।

और लोग हैं कि आँखें उठाकर उन्हें देखते भी नहीं,
          उनके इतने अभ्यस्त हैं,
          उनसे इतने परिचित हैं,
          इतने बेज़ार हैं।

जाल समेटा

पर अब भी एक दीवार है
जिस पर
अपने ख़ून में अपनी उँगली डबोकर
एक
सीधी
खड़ी
लकीर
खींच सकने वाले का
एक दुनिया को इंतज़ार है।

जाल समेटा

रक्षात्मक आक्रमण

जंगल के तो नियम
नहीं परिवर्तित होते—
जंगल चाहे देवदार का हो
कि सभ्यता का जंगल हो।

'जंगल में मंगल'
तो तुक की सिर्फ़ चुहल भर,
पर जंगल में
सदा रहा है,
सदा रहेगा,
ज़बरदस्त का ठेंगा सिर पर।

और सभ्यता के जंगल में—
यह विकास की दिशा मान लें—
अन्तर करना मुश्किल होगा
पशु-नर बल में,
नर-पशु छल में।

अर्द्ध रात्रि के
महामौन, महदांधकार में
एक माँद से
पंचानन चुपचाप निकलता,

मूक, दबे पाँवों से चलता—
        गर्जन-तर्जन तो गँवार सिंहों की भाषा—
और एक भोले-से मृग को देख उछलता
उसके ऊपर,
पटक उसे देता है भू पर,
औ' उसके छटपटा रहे अँगों को पंजों दाब
कान में उसके कहता—
'प्राण न लूँगा;
बस, लेटा रह भार ज़रा-सा मेरा सहता,
मैं तो तेरी रक्षा करने को आया हूँ,
तुझे न मैं हथिया लेता तो
शायद बाहर आकर वह तुझको खा जाता
जो पड़ोस के झंखाड़ों से
ताक लगाए तुझपर रहता।
धन्यवाद दे मुझको, मर्दे!'

निःसहाय मृग प्रश्न करे क्या ?
        क्या उत्तर दे ?

डरपाई-सी पौ फूटी है;
दृश्य देखकर
घबराए-से कौओं के दल
उचक फुनगियों पर,
औचक, भौचक उड़-उड़कर आसमान में
ज़ोर-ज़ोर से
मचा रहे हैं शोर—
'ज़ोर!' 'ज़ोर!' 'ज़ोर!'—
बाक़ी सब चुप
क्योंकि सभी की
        कहीं दबी है कोर।

जाल समेटा

चेक आत्मदाही

'अंधकार मत छाने पाए,
        रवि-शशि-तारक-दल छिप जाए,
तेल चुके बाती जल जाए, तो तन-धाम दहे !
        देश में बलि की प्रथा रहे !'

(त्रिभंगिमा)

मैं वेदों औ' उपनिषदों के
        संस्कारों का—
मैं महर्षियों के, संतों के
        परिवारों का—
मैं आत्मवान ज्ञानियों और गुरुओं की
        परम्पराओं का—
मैं कभी आत्महत्या का पक्ष नहीं लूँगा,
पर कहाँ आत्मबलि
        और आत्महत्या में अन्तर?—
        इसको भी पहचानूँगा।

पालाच देह में
आग लगा जल जाता है,
        मर जाता है—

अपने दुख, संकट, त्रास, प्यास, पीड़ा से
                 छुट्टी पाने को ?
या पीछा करते किसी भयानक सपने से?—
संघर्ष नहीं कर सकता है वह, क्योंकि,
जगत से, जीवन से या अपने से?—
जी नहीं ।

अगर इतिहास
राष्ट्र को जकड़ इस तरह लेता है
उसके संघर्षण करने,
हिल-डुल सकने की भी शक्ति
           व्यर्थ कर देता है—
छा जाता है अवसाद-अँधेरा
              जन-जन के मन प्राणों पर—
म्रियमाण जाति यदि नहीं—
एक सबका प्रतिनिधि बन उठे
स्वयं बनकर मशाल
विद्रोह और विश्वास, आग बाक़ी है,
बतला दे—
         ऐसी मर्यादा है ।

         तू अपनी नियति निभाता है,
पालाच, तुझे मेरा प्रणाम,
मेरे स्वजनों, पुरखों,
         मेरी बलिदानी परम्पराओं का;
तू आत्मघात कर
         दलित राष्ट्र के,
         दलित जाति के
         नव जीवन का उपोद्घात कर जाता है ।

                                   जाल समेटा

जातियाँ नहीं मरतीं
कि शक्ति कोई भारी, अत्याचारी
उनपर चढ़ उन्हें दबाती है;
वे मरती हैं
जब अपने शीश झुकाकर वे
अन्यायों को सह जाती हैं।

अग्निदेश

नहीं—
मैं यह आश्वासन नहीं दे सकूँगा
कि जब इस आग-अँगार
लपटों की ललकार,
उत्तप्त बयार,
क्षार-धूम्र की फूत्कार
को पार कर जाओगे
तो निर्मल, शीतल जल का सरोवर पाओगे,
जिसमें पैठ नहाओगे,
रोम-रोम जुड़ाओगे
अपनी प्यास बुझाओगे।
नहीं—
इस आग-अँगार के पार भी
आग होगी, अँगार होंगे,
और उनके पार फिर आग-अँगार,
        फिर आग-अँगार,
        फिर और...

तो क्या छोर तक तपना-जलना ही होगा
नहीं—
इस आग से त्राण तब पाओगे
जब तुम स्वयं आग बन जाओगे!

रावण-कंस

रावण और कंस को
एक दूसरे को गाली देते,
एक दूसरे पर दाँत पीसते,
एक दूसरे के सामने खड़े होकर ताल ठोंकते
देखकर बहुत खुश न हो
कि अच्छा है साले आपस ही में कट मरेंगे।

मसीहाई का दावा नहीं करूँगा,
पर दुनिया को मैंने जैसे देखा-जाना है,
            दुमुहीं, दुरुखी, दुरंगी,
उससे इतनी मसीहाई तो करना ही चाहूँगा
कि रावण और कंस
अगर आपस में लड़ मरेंगे
तो किसी दिन
राम और कृष्ण आपस में लड़ेंगे।

नेतृत्व का संकट

अखिल भारतीय स्तर के अब
अमृतोद्भव उच्चैःश्रवा-सुरपति के वाहन—
स्वप्न हो गए—
धरती पर पग धरें
कि जैसे तपते आहन पर धरते हों,
जल पर ऐसे चलें
कि जैसे थल पर चलते—
वायु-वेग से टाप न डूबें—
और गगन में उड़ें
एक पर्वत-चोटी को छोड़
दूसरे पर्वत की चोटी पर जैसे
          झंझा से प्रेरित बादल हों;
और नहीं चेतक भी,
जो हो रणोन्मत्त, उद्धत, उदग्र-चंचल अयाल—
उछलें
गयंद के मस्तक पर
टापों को धर दें;
और देश का दबा हुआ इतिहास
          बाँस ऊपर उठ जाए;
लगा प्राण की बाज़ी नदी लाँघें,
          स्वामी की रक्षा में

जाल समेटा

बलि हो जाएँ।
अब भारत के चक्करवाले रेस कोर्स में
खण्ड-खण्ड, उप खण्ड-खण्ड के
अपने-अपने मरियल घोड़े,
हड़ियल खच्चर,
अड़ियल टट्टू,
लद्धड़ गदहे,
जिनपर गाँठे हुए सवारी हैं
अनाम, अनजाने जाकी,
जो अपने स्वामी जुआरियों की बाज़ी पर
सुटुक-सुटुक उनको दौड़ाते;
हार-जीत से उन्हें ग़रज़ क्या;
उनके वाहन अपना दाना-भूसा पाते,
वे अपनी तनख्वाहें पाते!

दिल्ली की मुसीबत

दिल्ली भी क्या अजीब शहर है!
यहाँ जब मर्त्य मरता है—विशेषकर नेता—
तब कहते हैं, वह अमर हो गया—
जैसे कविता मरी तो अ-कविता हो गई—
बापू जी मरे तो इसने नारा लगाया,
बापू जी अमर हो गए।
अमर हो गए
तो उनकी स्मृति को अमर करने के लिए चाहिए

एक समाधि,
एक यादगार!

दिल्ली भी क्या मज़ाकिया शहर है!
जो था नंग रंक,
राजसी ठाट से निकाला गया उसकी लाश का जलूस;
जिसके पास न थी झंझी कौड़ी, फूटा दाना,
उसके नाम पर खोल दिया गया ख़ज़ाना;
(गाँधी स्मारक निधि);
जिसका था फ़क़ीरी ठाट,
उसकी समाधि का नाम है राजघाट।

फिर नेहरू जी अमर हो गए।
अमर हो गए तो उनके लिए भी चाहिए

जाल समेटा

एक समाधि,
एक यादगार—
खुद गाँधी जी ने माना था अपनी गादी पर
उनका उत्तराधिकार—
फिर वे स्वतन्त्र भारत के पहले प्रधान मन्त्री थे आख़िरकार—
जो उनका निवास था
वही उनका स्मारक बना दिया गया—तीन मूरती भवन—,
समाधि को नाम दिया गया 'शान्ति वन',
आबाद रहे जमुना का कछार।

फिर लाल बहादुर शास्त्री अमर हो गए।
अमर हो गए तो उनके लिए भी चाहिए
एक समाधि,
एक यादगार—
वे स्वतन्त्र भारत के, ग़रीब जनता से उभरे,
पहले प्रधान मन्त्री थे—
(इसीसे उन्होंने शून्य इकाई और एक दहाई के
जनपथ को अपना निवास बनाया था।—
टेन डाउनिंग स्ट्रीट पर
ब्रिटेन के प्रधान मन्त्री का निवास
तो न कहीं अवचेतन में समाया था?)
पहले विजेता प्रधान मन्त्री तो थे ही,
इसीसे उनकी समाधि का नाम विजय घाट हुआ,
ललिता जी के इसरार को दुआ;
राजघाट को अपना साथी मिला,
आख़िर दो अक्टूबर को उनका जन्म भी तो था हुआ।
स्मारक उनका अभी तक नहीं बना; बनना चाहिए।
हरी बहादुर को अपने पिता का उत्तराधिकार मिलता
तो यह काम बड़ी आसानी से हो जाता,
गो दोनों बातों में ज़ाहिरा कोई नहीं नाता।

कुछ काम मजबूरन करना पड़ता है।
जिस मकान में सिर्फ़ अठारह महीने प्रधान मन्त्री रहकर
वे अमर हो गए
उस मनहूस मकान में कोई प्रधान मन्त्री,
                कोई मन्त्री,
            कोई हाकिम क्यों रहने लगा।
दस जनपथ है सालों से खाली पड़ा।
क्यों न उसमें शास्त्री जी का स्मारक कर दिया जाए खड़ा।
उनकी धोती, टोपी, रज़ाई, चारपाई का उपयोग
                        हो सकता है बड़ा;
देश के ग़रीब युवकों को प्रधान मन्त्री पद तक
                    प्रेरित करने के लिए।
औ' हमारी वर्तमान प्रधान मन्त्री कभी अमर हुईं
(भगवान करें वे कभी न हों।)
तो उनके लिए भी एक समाधि,
            एक यादगार बनानी होगी ही।
आखिर वे स्वतन्त्र भारत की पहली महिला प्रधान मन्त्री हैं।
समाधि का नाम होगा शायद महिला-उद्यान—
            वन की लाडली सन्तान—
स्मारक होगा एक सफ़दरजंग का उनका निवास स्थान
प्रदर्शित करने को मिल ही जाएगा उनका बहुत-सा सामान—
                        साड़ी,
                    जम्पर,
                सिंगारदान;
चुनाव के दौरान उनकी नाक पर पड़ा पाषाण;
अन्न-संकट के समय उनके लान में बोया,
            उनके कर-कमलों से काटा गया धान;
और बड़ी यादगारों के और बड़े उपादान।

विविधताओं से भरे अपने देश में

                                        जाल समेटा

हर एक प्रधान मन्त्री को
किसी न किसी हिसाब से पहला स्थान
दे सकना होगा कितना आसान,
सब को करना होगा महत्त्व प्रदान,
सब के लिए बनानी होगी समाधि,
सब की बनानी होगी यादगार,
सब के नाम पर छोड़े जाते रहेंगे मकान
जैसे पहले छोड़े जाते थे साँड़—
सब के नाम पर लगाए जाते रहेंगे
                वन, उद्यान, पार्क।
कहाँ तक खींचा जा सकेगा जमुना का कछार।

इसलिए, हे भगवान,
तुमसे एक प्रार्थना,
भारत का हर प्रधान मन्त्री
सौ-सौ बरस तक अपनी गद्दी पर रहे बना,
क्योंकि हरेक अमर होकर अगर घेरेगा
कई-कई वर्गमील,
दिल्ली बेचारी इतनी ज़मीन कहाँ से लाएगी!
बदक़िस्मत आख़िर को
समाधि और स्मारकों की नगरी बन के रह जाएगी!

संघर्ष-क्रम

एक दिन इंसान को संघर्ष करना पड़ा था
अपने को बचाने को
अंध प्रकृति के आघातों से—
     बर्फ़ीली, काटती-सी बयारों से,
     गर्दीली, मुँह नोचती-सी लूओं से,
     छर्रे बरसाती बौछारों से
     जंगलों से, दलदलों से, नदियों—
              प्रपातों से।

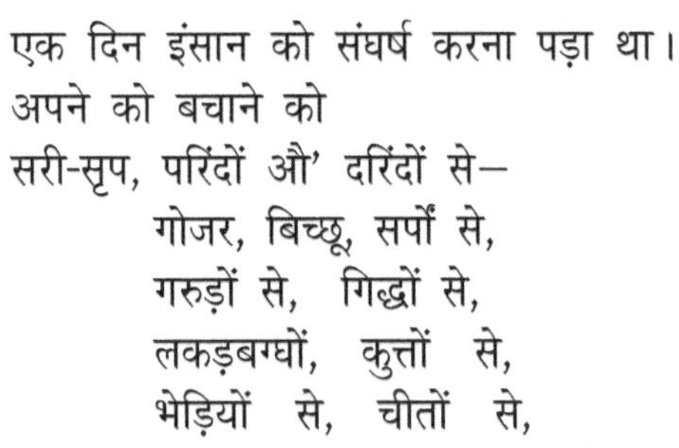

एक दिन इंसान को संघर्ष करना पड़ा था।
अपने को बचाने को
सरी-सृप, परिंदों औ' दरिंदों से—
     गोजर, बिच्छू, सर्पों से,
     गरुड़ों से, गिद्धों से,
     लकड़बग्घों, कुत्तों से,
     भेड़ियों से, चीतों से,
              सिंहों से।

एक दिन इंसान को संघर्ष करना पड़ा था
अपने को बचाने को
राजाओं, शाहों, सुल्तानों से,

जाल समेटा

हमलावर खड्गधर लुटेरों से,
शोषण पर तुले धन-कुबेरों से,
संप्रदाय, रूढ़ि, रीति के
स्वयं-नियुक्त ठेकेदारों से,
निर्दय बटमारों से।

एक दिन इंसान को संघर्ष करना पड़ा था
अपने को बचाने को
आदम की आदमी कहलाती औलादों से—
तर्क-लुप्त, लक्ष्य-भ्रष्ट भीड़ों से—
संज्ञा-व्यक्तित्वहीन कीड़ों से,—
अस्त्र-शस्त्र-यन्त्र बने जीवों से—
शासन में आत्महीन पुरजों से, क्लीवों से—
और जन्तुओं से जो
नेता, निर्णायक, जननायक, विधायक का
स्वांग भर निकलते थे
मन्त्रालय, न्यायालय, सचिवालय,
संसद की माँदों से!

सन् 2068 की हिंदी कक्षा में

...बड़ा दुःख,
दुर्भाग्य बड़ा है!—
इन कवि का केवल अभिनन्दन ग्रन्थ प्राप्य है।
कोई पुस्तक नहीं
किसी पुस्तकागार,
          अभिलेखालय में;
और किसी को याद नहीं दो-चार पंक्तियाँ भी
                    इन कवि की।

कितने नक़ली, कितने छिछले
और ग़लत मूल्यों का होगा युग वह
               जिसमें,
          जिसके साथ
राष्ट्रपति और वज़ीरे आज़म
औ' नेतागण भारी-भरकम
अपने फ़ोटो खिंचवाने को लुलुवाते थे,
उसकी कोई रचना नहीं खरीदा या बाँचा करते थे—
कहाँ देस-सेवा, समाज-सेवा से उनको
               दम लेने की फ़ुरसत होगी—
औ' उनकी सेवा लेने में
और प्रशंसा और चाटुकारी उनकी करने में लिपटी

                    जाल समेटा

रहती होगी जनता सारी।
कुछ अपने मतलब की बात करा लेने में
किसे दिशा दे सकती होगी
          हिन्दी की कविता दयमारी!

मेरा संबल

मैं जीवन की हर हलचल से
कुछ पल सुखमय,
अमरण - अक्षय
चुन लेता हूँ।

मैं जग के हर कोलाहल में
कुछ स्वर मधुमय,
उन्मुक्त - अभय
सुन लेता हूँ।

हर काल कठिन के बन्धन से
ले   तार   तरल
कुछ   मुद - मंगल
मैं सुधि - पट पर
बुन लेता हूँ।

शरद् पूर्णिमा

पूरे चाँद की यह रात,
जैसे भूमि को हो
स्वर्ग की सौगात।

पुलकित-से धरा के प्राण
सौ-सौ भावनाओं से
अगम-अज्ञात।
पूरे चाँद की यह रात।

धरती तो अधूरी
सब तरह से,
सब तरफ़ से,
अंजली में धार
प्रत्युपहार क्या
ऊपर उठाए हाथ!
पूरे चाँद की यह रात।

...नई दिल्ली किसकी है?

यों तो यह राजधानी है,
यहाँ राष्ट्रपति रहते हैं,
प्रधान मन्त्री,
राज मन्त्री, उप मन्त्री
दर्जे-ब-दर्जे सचिव,
अफ़सर-अहलकार-ओहदेदार,
अख़बार-नवीस, सेठ-साहूकार,
कवि, कलाकार, साहित्यकार,
जिनके नाम, कारनामों से
दिनभर
पथ-पथ, मार्ग-मार्ग ध्वनित,
गली-गली

      गुंजित रहती है

पर नवम्बर की इस आधी रात की
नई दिल्ली तो
चाँद की है,
चाँदनी की है,
रातरानी की है,
और उस पखेरू की
जिसकी अकेली, दर्दीली आवाज़

जाल समेटा

राष्ट्रपति भवन के गुम्बद से लेकर
संसद-सचिवालयों पर होती
पुराने क़िले के मेहराबों तक गूँजती है,
और न जाने किससे,
न जाने क्या कहती है!
और उस नींद-हराम अभागे की भी,
जो उसे अनकती है।

रेखाएँ

हस्तरेखाविदो, तुमने
                देखकर मेरी हथेली
                कह दिया है,
                बन सका जो मैं,
                किया जो प्राप्त मैंने,
                बन सका जो नहीं,
                अनपाया रहा जो,—

सब विधाता ने प्रथम ही लिख रखा था
        खींच मेरे हाथ पर संकेत-गर्भित कुछ लकीरें।

पर समय ने
अनुभवों की झुर्रियों में
जो लिखा है
भाल पर भी,
गाल पर भी;
और मैंने कष्ट-संकट की घड़ी में,
ज़िन्दगी के बहुत नाज़ुक अवसरों पर
परेशानी, हलाकानी के क्षणों में,
रेख-राशि
दिमाग़ पर खींची-खरोंची जो
कि जैसे कील नोकीली चलाई जाय
                बल-पूर्वक शिला पर;

जाल समेटा

और अपनी प्रेरणाओं के पलों में
कल्पना की धार में
बहती हुई-सी
मृदु-सहजगति लेखनी से—पर विनिर्मित—
जो लिखा मैंने
हृदय-मन-बुद्धि पट पर—
        नहीं कोरे कागदों पर—
राजसी फ़रमान को भी ईर्ष्या हो
देख जिसको—

        अर्थ उसका,
        भेद उसका,
        मर्म उसका,
        तुम न समझे हो
        न समझोगे, फकीरे।

एक पावन मूर्ति
(केवल वयस्कों के लिए)

'रस से पावन, हे मन-भावन, विधना ने विरचा ही क्या है।'

(त्रिभंगिमा)

तीर्थाधिराज
श्री जगन्नाथ जी के मन्दिर की चौकी में

जो मिथुन मूर्तियाँ लगी हुई
मैं उन्हें देखता एक जगह पर ठिठका हूँ—

प्राकृतिक नग्नता की सुषमा में ढली हुई
नारी घुटनों के बल बैठी;
उसकी नंगी जंघा पर नंगा शिशु बैठा,
अपने नन्हें-नन्हें, सुकुमार,
    अपरिभाषित सुख अनुभव करते हाथों से
अपनी जननी के पीन पयोधर को पकड़े,
ऊपर मुँह कर
दुद्धू पीता—
अधरों में जैसे तृषादुग्ध की
    तृष्णा स्तन के सरस परस की तृप्त हुई
    भोली-भाली, नैसर्गिक-सी मुस्कान बनी
    गालों, आँखों, पलकों, भौंहों से छलक रही।
(मातृत्व-सफलता मूर्तित देखी और कहीं?)

जाल समेटा

प्राकृतिक नग्नता के तेजस में ढला हुआ
नर पास खड़ा;
नग्ना नारी
अपने कृतज्ञ, कामनापूर्ण, कोमल, रोमांचित हाथों से
पति-पुष्ट-दीर्घ, दृढ़ शिश्न दण्ड क्रीड़या पकड़,
हो ऊर्ध्वमुखी,
अपने रसमय अधरों से पीती,
अधरामृत-मज्जित करती—
मुख-मुद्रा से बिंबित होता
वह किस, कैसे, कितने सुख का
आस्वादन इस पल करती है!—
(पल काल-चाल में जो निश्चल)।
(जब कला पकड़ती ऐसे क्षण,
उसके ऊपर,
सच मान,
अमरता मरती है।)

नवयुवक नग्न
जैसे अपना संतोष और उल्लास
चरम सीमा तक पहुँचा देने को,
अपने उत्थित हाथों से पकड़ सुराही,
मदिरा से पूऋ्त,[1]
मधु पीता है—आनन्द-मग्न!
(लगता जिसपर यह घटता
वह कृतकृत्य मही।)
ईर्ष्या न किसे उससे
जो ऊपर से नीचे तक
ऐसा जीवन जिया

---

1. पूरित; पूऋ्त, प्रूफ़ की ग़लती से नहीं, सचेष्ट, एक विशेष ध्वन्यार्थ

कि ऐसा जीता है।
(हर सच्चा-सीधा कलाकार
अभिव्यक्त वही करता
जो वह जीता,
जो उसपर बीता है।)
इस मूर्तिबंध का कण-कण
कैसी जिजीविषा घोषित करता!
यह जिजीविषा:, या जो कुछ भी,
उसको मैं अपने पूरे तन, पूरे मन, पूरी वाणी से
निःशंक समर्थित, अनुमोदित, पोषित करता।
अमृत पीकर के नहीं,
अमर वह होता है,
पा मर्त्य देह,
जो जीवन-रस हर एक रूप,
हर एक रंग में
छककर, जमकर पीता है।
इतने में ही कवि की सारी रामायण,
सारी गीता है।

'मधुशाला' का पद एक
अचानक कौंध गया है कानों में—
'नहीं जानता कौन, मनुज
आया बनकर पीनेवाला?
कौन, अपरिचित उस साक़ी से
जिसने दूध पिला पाला?
जीवन पाकर मानव पीकर
मस्त रहे इस कारण ही,
जग में आकर सबसे पहले
पाई उसने मधुशाला।'

जाल समेटा

क्या इसी भाव पर आधारित यह मूर्ति बनी?
क्या किसी पुरातन पूर्व योनि में
मैंने ही यह मूर्ति गढ़ी?
प्रस्थापित की इस पावनतम देवालय में,
        साहस कर, दृढ़ विश्वास लिए—
        कोई समान धर्मा मेरा
        तो कभी जन्म लेगा
        जो मुझको समझेगा?

यदि मूर्ति देख यह
तेरी आँखें नीचे को गड़तीं
            लगती है तुझे शर्म,
(जीवन के सबसे गहरे सत्य
प्रतीकों में बोला करते।)
तो तुझे अभी अज्ञात
                कला का,
                जीवन का,
                    धर्म का,
            मूढ़मति,
                गूढ़ मर्म।

विजयानगरम् की सुराही

यह मत्स्याकार सुराही
मिट्टी की
मैं विजयानगरम् से ले आया हूँ।

यह मिट्टी की मछली कहती—
मैं जड़ होकर भी

कला-प्राण हूँ,
ज्ञानी हूँ।
जीवित मछली
तो पानी के भीतर बसकर भी
पानी को अपने से बाहर रखती है,
बस इसीलिए
वह पानी से बाहर आते ही मरती है।
पानी से बाहर
मैं थी दुहरी मरी हुई
पर अब जीवन-धारिणी,
क्योंकि अब अन्दर रक्खे पानी हूँ।

सागर-तीर

अनादि अतीत से
जो लहरें
उठ, उमड़, हहर, घहर, गिर,
बूँद-बूँद में छहर
सागर में लीन विलीन हो गईं—सदा को—
उनका,
उन सब का नवीन लहरों को ज्ञान है;
फिर भी नई-नई लहरें
फिर-फिर
उठतीं, उमड़तीं, हहरतीं, घहरतीं, गिरतीं,
बूँद-बूँद में छहरती हैं।

सागर तट पर खड़े होकर देखो—
नई-नई लहरों में कितनी होड़ा-होड़ी है!
लहरों का यह उल्लास,
            हास,
              विलास,
सच पूछो तो लहरों की नहीं
              सागर की कमज़ोरी है।

अकादमी पुरस्कार

''जिसने 'सार्त्र के नोबेल पुरस्कार ठुकरा देने पर' कविता लिखी थी उसे चाहिए था कि वह अकादमी पुरस्कार ठुकरा देता।''—कै.

सार्त्र के सामने गिरा एक फुटबाल
तो उन्होंने ऐसी किक मारी
कि देखती रह गई दुनिया सारी,
मैंने भी प्रशंसा में देर तक बजाई ताली;
एक रहीं मौन
        तो सिमोन-दि-बुआ।

मेरे सामने गिरा एक पिंग-पांग का बाल
तो मैंने उसे उठाया
और जेब में लिया डाल।

कुछ मित्र और कुछ शत्रु
हुए निराश,
क्योंकि उन्हें थी आस
कि मैं भी पिंग-पांग के बाल को किक लगाऊँगा—
यानी अपना उपहास कराऊँगा।

प्रतिभा के अनुकरण से भी होता है
        कुछ अधिक उपहासास्पद?

जाल समेटा

एक मैं ही रह गया था कराने को अपनी भद?
कमर में घड़ी
तो पंडित सुन्दरलाल ने भी बाँधी।
                         हो गए गाँधी?
कोई सार्त्र की बराबरी करेगा
               तो सृजन को उन्हीं की तरह निखारकर,
न कि उनकी तरह किक मारकर।

कुछ जल्दबाज़ी,
कुछ नाराज़ी,
कुछ प्रदर्शन-प्रियता में
यह भी मैं कर सकता था,
               पर भगवान की दुआ,
जो सुन रहा हूँ,
'देखने हम भी गए थे पर तमाशा न हुआ।'

प्रेम की मंद मृत्यु

मैंने आत्म-हत्या नहीं की
तो इसलिए नहीं
कि क़ानून इसके खिलाफ़ था;
कर ही ली होती
तो क्या कर लेता वह मेरी लोथ का?

प्राणों को काया से
मैंने नहीं जोड़ा था;
तोड़ अगर देता तो मुझको अधिकार था।
लेकिन जिस बन्धन से
मैंने तुम्हें, तुमने मुझे बाँधा था
                    तार था प्यार का।
और उसे छूने का किसे अख़ितयार था?
ध्यान तब न आया था समय के
नितांत शिथिल दिखते-से
चिर-सक्रिय, क्रूर-कठिन हाथ का!

अगर एक झटके से
देता वह तोड़ उसे,
उठती झंकार एक
गूँजती सितारों तक परत-परत गगन भेद।

जाल समेटा

लेकिन वह धागा अब काल-जीर्ण,

शक्ति-क्षीण,

सड़ा-गला;

हिलो नहीं,

खिंचो नहीं,

तनो नहीं;—

यह शोख़ी यौवन ही झेल-खेल सकता था—

जहाँ और जैसी हो,

बुत-सी बन बैठी रहो,

समय सहो ;

बंधन गिरेगा जब तिनका उठेगा नहीं

करने को प्रकट खेद ।

पानी-पत्थर

एक
निधड़क,
मुक्त निर्झर से
पिया है नीर मैंने;
कंठ ही मेरे नहीं सिंचित हुए हैं,
तृप्ति अन्तर ने नहीं जानी अकेली,
आँख भी ठंडी हुई है,
जी जुड़ाया है,
तपन मन की मिटी है;—
नहीं;—
जानी है, सही है
स्वयं निर्झर के
हृदय में पैठने की
पूर्णता औ' पीर मैंने'—
वह घड़ी
कितनी अविस्मरणीय
जीवन में रही है।

क्षमा कर दो मुझे
तट से सधी नदियो,

जाल समेटा

बँधी घाटों से सरसियो,
छुद्र वृत्तों से घिरे कूपो,
अवज्ञा से
अगर देखा तुम्हें है कभी मैंने।

क्या तुम्हारे शाप से ही नहीं
पथरीला इलाका मिला मुझको?—
जहाँ कोई आग ऐसी बड़ी भड़की थी
कि तृण-तृण जल गया है।

धूम्र-काले ठीकरों की ठोकरें खाते,
तृषाकुल,
बैठ ऐसे एक पत्थर पर गया हूँ
रिस रहा जो—रो रहा जो।
विवश होकर चाटती है जीभ उसके आँसुओं को
रक्त-रंजित उसे करती।
बहुत गहरे एक डूबी याद
आँखों में उभरती।

मध्यस्थ

मैंने कभी सोचा था
कि मैं प्रारम्भ हूँ
किन्हीं आगामी परिणतियों का;
और आज अपनी परिणतियों पर सोचता हूँ
कि ये भूमिकाएँ हैं—
किसी आगामी प्रारंभ की—
रीढ़ कभी न कभी तो टूटनी थी
                    मेरे दंभ की।

मनुष्य को दो आँखें मिली हैं—
एक, विगत से अपने को देखने को;
एक, अनागत से—
एक फ़र्श से,
एक छत से।
और फ़र्श से हम कितना ही क्यों न उठें,
छत से उतने ही नीचे रहते हैं;
हम दो समान बढ़ती हुई दूरियों के बीच
अपनी सत्ता सहते हैं।

और कल्पित आदि
और कल्पित अन्त के बीच

जाल समेटा

हमें सदा
मध्यस्थ बने रहना है,
मध्य को ही जीना,
मध्य को ही भोगना,
मध्य को ही कहना है।

मनुष्य-संसार-जीवन
त्रिशंकु से अधिक कभी कुछ नहीं रहा है;
सच,
इसे न धरा ने सहा है,
  न स्वर्ग ने सहा है।

लब्धि-उपलब्धि

उपलब्धि
कुछ करने को ही तो
माँ-बाप-गुरुओं, बड़े-बूढ़ों ने सिखाया था;
और सिखाया था वही
जो उन्होंने संस्कारों से पाया था।

उपलब्धि से क्या था उनका अर्थ—
विश्वविद्यालय की ऊँची उपाधि,
कार्यालय की ऊँची कुर्सी,
ऊँचा वेतन,
ऊँचे खानदान में ब्याह,
सन्तान,
ऊँचा मकान,
और चारों ओर सुख-सुविधा का सामान?

तब मेरे अन्दर से किसने किया था उनपर व्यंग्य—
हूँ:—हैं ये उपलब्धियाँ।—उप-लब्धियाँ!
मेरे, लब्धियों के हैं अरमान,
उन्हीं के लिए होगा मेरा
अश्रु-स्वेद-रक्त प्रवहमान;
तुम्हारी परिभाषा की उपलब्धियाँ

जाल समेटा

होंगी बस मेरी लब्धियों का पासंग!
और अब जीवन भर के संघर्ष के बाद
पासंग ही पासंग
है मेरे पास।

लब्धियों से न मुझे सन्तोष—
शायद मेरा ही दोष—
न उनपर मेरा अधिकार,
उनमें मेरा अधूरा-सा,
चूरा-सा अरमान
हो गया है दूसरों को दान!

स्वप्न और सीमाएँ

मेरे हाथ छोटे ही छोटे रह गए
तो दोष मैं किसे देता?—
माता-पिता को?—
वे मेरे जननी-जनक थे,
मेरे सिरजनहार तो नहीं थे।

संस्कार कानों में कहते रहे,
तुम अपने सर्जक हो,
दोष दो अपने ही पूर्व जन्म-कर्मों को;
जो तुम हो
उसके लिए स्वयं उत्तरदायी हो।

आधे सन्देह
और आधे विश्वास बीच
कीच में फँसी हुई-सी मेरी बुद्धि अपरिपक्व
कभी-कभी कहती रही,
क्वचित् भाग्य ही न कहीं
मेरा निर्माता हो—
जिसके हैं कान नहीं, जीभ नहीं, आँख नहीं।

और आँख दो-दो रख
वामन के हाथ मैंने

उठा लिया धन्वा एक
ढीली-सी ताँत का;
कैसी थी विडम्बना!—
          कर्म एक भाग्य-जना,
          भाग्य एक कर्म-जना।
दूर लक्ष्य,
उच्च लक्ष्य,
गगन लक्ष्य मुझको ललचाते रहे,
और मेरे वामन कर
जोड़-जोड़ ढीली-सी डोरी पर ढीला शर
भूमि पर चुआते रहे।

स्वप्न रहा—
दण्ड-हस्त मुट्ठी में ग्रस्त चाप,
चुटकी में दबा हुआ वाण-मूल
                    अग्रशूल;

प्रत्यंचा खिंची हुई
          कोण बनी हुई
कर्ण-स्पर्श प्राप्त
तदनुकल
सुता, कसा, तना हुआ सब शरीर,
          लक्ष्य साध मुक्त तीर,
          मानों हो क्रुद्धमन महर्षि शाप!

ग़लतफ़हमी

तुमने-हमने
जीवन जिया—
और कैसे-कैसे—
पर हमें क्या मिला?
 हमने क्या पाया ?—
  तुम्हीं कहो।
  × ×

ग़लतफ़हमी में हो
तुमने-हमने
जीवन नहीं जिया
जीवन ने हमको जिया
मिलने-पाने के सवाल का हो,
 तो हमें क्यों,
 उसे सिरदर्द हो!

कड़ुआ पाठ

एक दिन मैंने प्यार पाया, किया था,
और प्यार से घृणा तक
उसके हर पहलू को एकान्त में जिया था,
और बहुत कुछ किया था,
बहुत कुछ सहा था,
जो मुझसे भाग्यवान-अभागे करते हैं, भोगते हैं,
मगर छिपाते हैं;
मैंने छिपाए को शब्दों में खोला था,
लिखा था, गाया था, सुनाया था,
                कह दिया था
गीत में, काव्य में,
        क्योंकि सत्य कविता में ही बोला जा सकता है।

                ×   ×

निचाट में अकेला खड़ा वह प्रासाद
एक रहस्य था, भेद-भरा, भुतहा;
बहुतों ने सुनी थी
रात-बिरात, आधी रात
एक चीख़, पुकार, प्यार की मनुहार,
मदमस्तों का तुमुल उन्माद, अट्टहास,
कभी एक तान, कभी सामूहिक गान,
दुखिया की आह, चोट खाए घायल की कराह,
फिर मौन (मौन भी सुना जा सकता है)

पूछता-सा क्या? कब? कहाँ? कौन? कौन? कौ...न?...
मैं भी भूत हो जाऊँ, उसके पूर्व सोचा,
          एक पारदर्शी द्वार है जो खोला जा सकता है।
भूतों का भोजन है भेद, रहस्य, अन्धकार;
भूतों को असह्य उजियार,

                    पार देखती आँख,

                    पार से उठता सवाल।

भूतों की कचहरी भी होती है।
हो चुका है मुझसे अपराध,
भूतों का दल तन्नाया-भिन्नाया, मुझपर टूट
माँग रहा है मुझसे

                    अपने होने का सबूत।

                    दरिया में डूबता सूरज,
                    झुरमुट में अटका चाँद,
                    बादल से झाँकते तारे,
                    हरसिंगार के झरते फूल,
                    दम घोटती-सी हवा,
                    विष घोलती-सी रात,
                    पावों से दबी दूब,
                    घर, दर, दीवार,
                    चली, छनी राह,
          पल, छिन, दिन, पाख, मास—
          समय का सारा परिवार—

                    मूक!—

मेरे शब्दों के सिवा कोई नहीं है मेरा गवाह।—
मैंने महसूस कर ली है अपनी भूल,
सीख लिया है कडुआ पाठ,
          पारदर्शी द्वार नहीं खोला जा सकता है।
          सत्य कविता में ही बोला जा सकता है।

                                          जाल समेटा

उन्होंने कहा था

नहीं धूप में मैंने बाल सफ़ेद किए हैं—
बहुत ज़माना देखा है,
दुनिया देखी है,
सुख-दुख देखा, विजय-पराजय देखी,
अपने भी, औरों के जीवन में भी
आई-गई बहुत देखी है;
उदय प्रेम का
और नशा भी उसका
और खुमारी उसकी
औ' उतार भी कई बार मैं देख चुका हूँ—
जो कहता हूँ अपने अनुभव से कहता हूँ;
शायद उसे कभी सच पाओ।

वत्स, उमर ही यह ऐसी होती है जिसमें
लगती है हर गधी परी,
हर गधा शाह-नौशेरवान—
इंसान—कभी हैवान—कभी पाषाण—
देवता, और कभी भगवान
बराबर भी लगता है;
और प्रेम का मारा उनको
उसी तरह सम्बोधित कर

उनपर होता बलिहार
और पूजा उनकी करने लगता है।

खुशक़िस्मत हैं
जो ऐसे भ्रम में अपने को
जीवन भर डाले रहते हैं
और देवता को भी अपने डाले रहते—
कमउम्री पर मौत बड़ी रहमत करती है;
किन्तु अभागे जो ज़्यादा दिन जीते
उनका नशा उतरता,
उनकी आँखों के ऊपर से पर्दा हटता
औ' जीवन की कटु-कठोर सच्चाई उनके आगे आती।
सत्य जान लेना छोटी उपलब्धि नहीं है;—
किसी मूल्य पर—
बदक़िस्मत को भी मुआविज़ा कुछ मिलता है।

वही तुम्हारी उम्र,
तुम्हारी आँखों में है वही नशा-सा,
वही ग़लतियाँ तुम करते,
आराध्य तुम्हारे हैं मुग़ालते में वैसे ही।
मैं कहता हूँ, शायद इसे कभी सच पाओ।—
जिओ उम्र भी मेरी लेकर,
मैं तो यही दुआ करता हूँ—
मोह-भंग करना ही तो है काम वक़्त का।

सच्चाई टूटती, मनुष्य उसे सह लेता;
सपने जब टूटते, टूट वह खुद जाता है—
गोकि टूटना सदा बुरा ही नहीं—
टूटने से भी कोई-कोई कुछ बन जाया करते।
टूटोगे तो, वत्स, बड़े दयनीय लगोगे—

जाल समेटा

पातक इससे बड़ा नहीं दुनिया के अन्दर।—

'लेकिन तुमसे
कहीं बड़ी दयनीय लगेगी परी,
प्रतिष्ठित हृदय-कुँज में,
जो धन-यश की लादी लादे
आज यहाँ कल वहाँ फिरेगी।
पर सबसे दयनीय, वत्स, पाषाण लगेगा,
जो मन्दिर के एक उपेक्षित कोने में
लुढ़का-पुड़का रिरियाता होगा,
'मैं ही हूँ भगवान, भक्तगण,
भोग लगाओ मुझको,
मुझपर द्रव्य चढ़ाओ!'

अक़्लमंदाना इशारा

देख,
बड़ा आदमी बन गया है
तो किसी ऊँचे चबूतरे पर बैठकर
जिस-तिस पर मत थूक।

यों तो थूक में तत्त्व ही क्या है

जो बहुत दिनों तक बना रहे या जमा रहे;
अक्सर यही देखा है,
इधर थूका, उधर गया सूख।

पर बड़े आदमी के थूक में
एक ख़सूसियत होती है
कि वह रह जाता है जमकर,
उसपर नहीं, जिसपर थूका गया है,
थूकने वाले के मुँह पर।

और बड़प्पन में जहाँ बहुत से दोष हैं
वहाँ एक गुण भी पाया जाता है
कि वह अपने किए पर पछताता है,
                    गुस्साता है,
अपने प्रति—गो अपने से—
किए हुए अन्याय को वह

जाल समेटा

सह नहीं पाता है;
और न्याय पाने के लिए,
(कम से कम निर्दोष दिखने के लिए)
और किए को अनकिया करने के लिए
भाग-दौड़ करता है,
हाथ-पाँव मारता है,
गुप्त मंत्रणाएं करता है,
गुप्त चालें चलता है,
कभी वकील के पास,
कभी जज के पास,
कभी इस न्यायालय,
कभी उस न्यायालय जाता है।

ठीक है,
कचहरियाँ न्याय करतीं, न्याय दिलाती हैं, (?)
पर याद रख,
थूके हुए को चाटने के लिए—
अगर अपने में हया या बेहयाई न हो तो—
कचहरियाँ कुछ मदद नहीं पहुँचाती हैं।

बुढ़ापा

‘बाल सिर के सफ़ेद हो चले आपके।’
‘दर्पण से तो मुझे ऐसा नहीं लगता है।’
‘बुढ़ापा कभी-कभी आँखों से भी उतरता है।’

कामर

होगी जिसकी होगी
कामर
भीगी-भीगी,
भारी-भारी,
उसके तन से, मन से लिपटी।

बली भुजाओं,
कसी मुट्ठियों,
लौह उँगलियों से
मैंने तो अपनी कसकर खूब निचोड़ी।

अब जिसका जी चाहे
उस पर बैठे, लेटे,
उसे समेटे,
देह लपेटे,
रक्खे, दे डाले या फेंके,
निर्ममता, निर्लिप्त भाव से
मैंने छोड़ी।

बूढ़ा किसान

अब समाप्त हो चुका मेरा काम।
करना है बस आराम ही आराम।
अब न खुरपी, न हँसिया,
न पुरवट, न लढ़िया,
          न रतरखाव, न हर, न हेंगा।

मेरी मिट्टी में जो कुछ निहित था,
उसे मैंने जोत-बो,
अश्रु-स्वेद-रक्त से सींच, निकाला,
काटा,
खलिहान का खलिहान पाटा,
अब मौत क्या ले जाएगी मेरी मिट्टी से—ठेंगा!

एक नया अनुभव

मैंने चिड़िया से कहा, 'मैं तुम पर एक
कविता लिखना चाहता हूँ।'
चिड़िया ने मुझ से पूछा, 'तुम्हारे शब्दों में
मेरे परों की रंगीनी है?'
मैंने कहा, 'नहीं।'
'तुम्हारे शब्दों में मेरे कंठ का संगीत है?'
'नहीं।'
'तुम्हारे शब्दों में मेरे डैनों की उड़ान है?'
'नहीं।'
'जान है?'
'नहीं।'
'तब तुम मुझ पर कविता क्या लिखोगे?'
मैंने कहा, 'पर तुमसे मुझे प्यार है।'
चिड़िया बोली, 'प्यार का शब्दों से क्या सरोकार है?'
एक अनुभव हुआ नया।
मैं मौन हो गया!

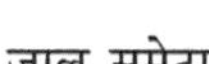

मौन और शब्द

एक दिन मैंने
मौन में शब्द को धँसाया था
और एक गहरी पीड़ा,
        एक गहरे आनन्द में,
        सन्निपात-ग्रस्त-सा,
        विवश कुछ बोला था;
सुना, मेरा वह बोलना
        दुनिया में काव्य कहलाया था।

आज शब्द में मौन को धँसाता हूँ,
अब न पीड़ा है न आनन्द है,
        विस्मरण के सिन्धु में
        डूबता-सा जाता हूँ,
                देखूँ,
        तह तक
        पहुँचने तक,
यदि पहुँचता भी हूँ,
        क्या पाता हूँ।

www.ingramcontent.com/pod-product-compliance
Lightning Source LLC
LaVergne TN
LVHW040212180726
843489LV00007B/2824